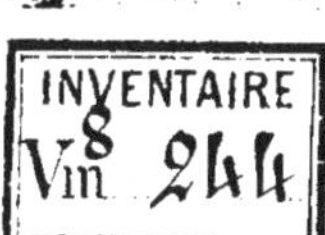
INVENTAIRE
V8in 244

AF461763

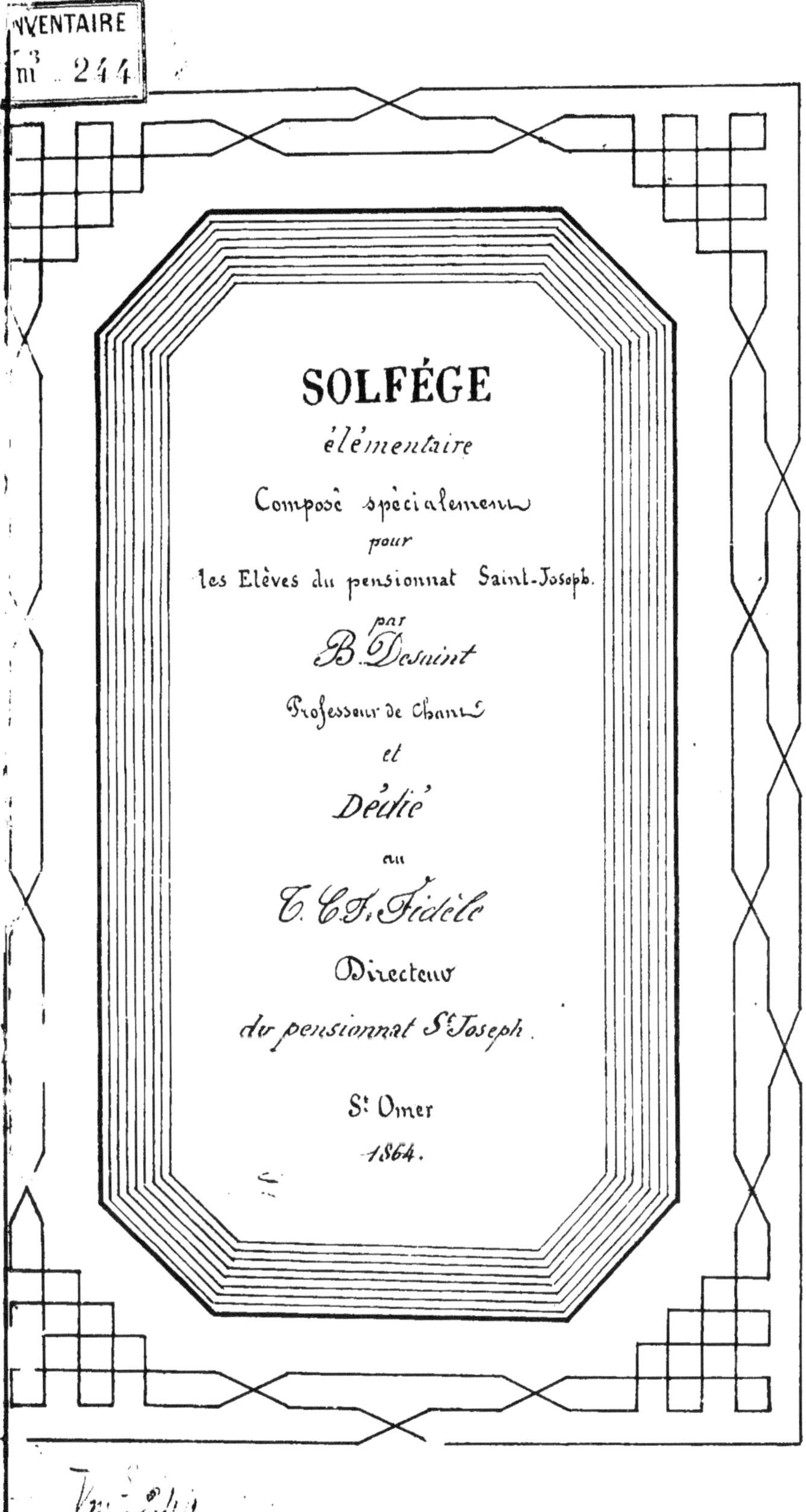

SOLFÉGE

élémentaire

Composé spécialement

pour

les Elèves du pensionnat Saint-Joseph.

par

B. Desaint

Professeur de Chant

et

Dédié

au

T. C. F. Fidèle

Directeur

du pensionnat St Joseph.

St Omer

1864.

LEÇONS PRÉLIMINAIRES

GAMME.

Intervalles de Seconde.

5

6.

7

8
9. Récréation
p

Intervalles de Tierce.

10.

11.

12.

13.
14.

15. 1re Récréation.

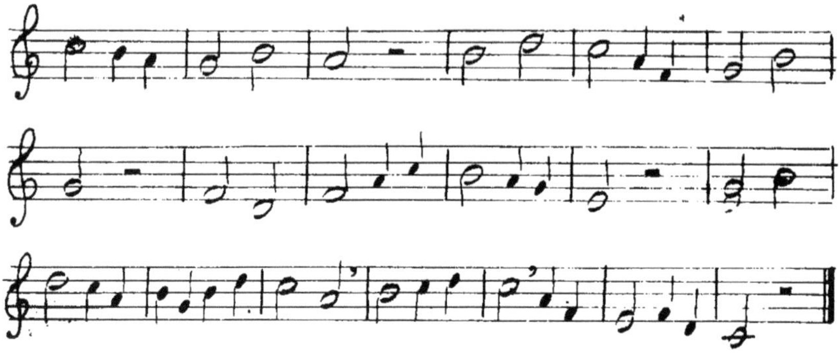

16. 2e Récréation.

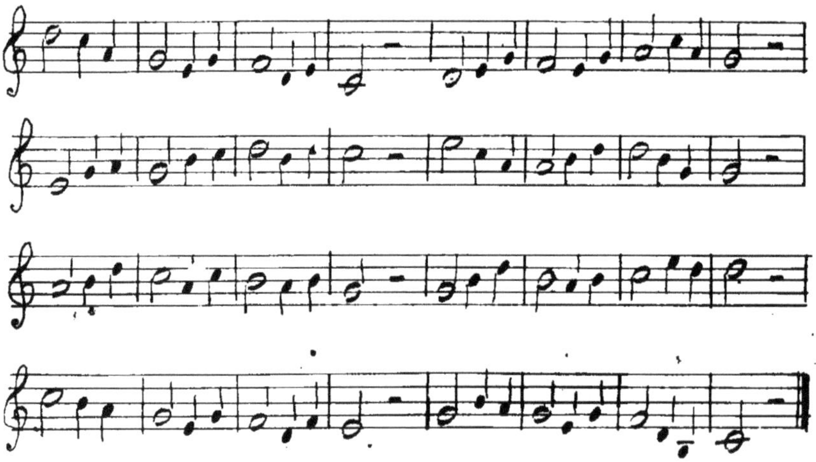

Intervalles de Quarte.

17

18.

19.
20.

1ère Récréation
21.
2e Récréation
22.
Intervalles de Quinte.
23.

24.
25 I.re Récreation.

26. 2e Récréation
Intervalles de Sixte.
27
28.

29.

30. Récréation

31. Sixtes directes.
Syncopes.
Intervalles de Septième.
32.
33.

34. Récréation
35 Septièmes directes.

Syncopes.
Intervalles d'Octave.
36
37

38. Récréation

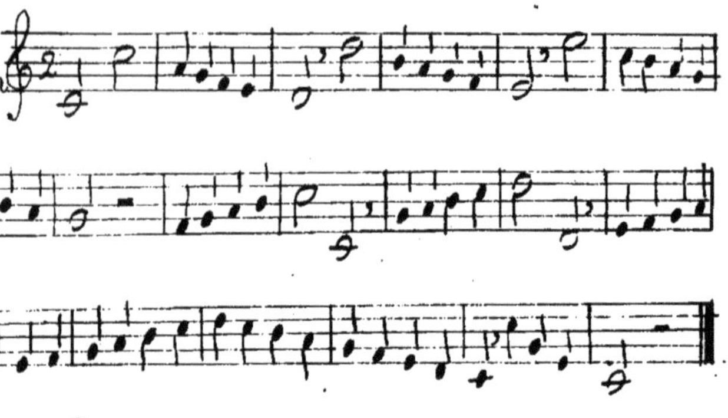

39. Octaves *directes.*

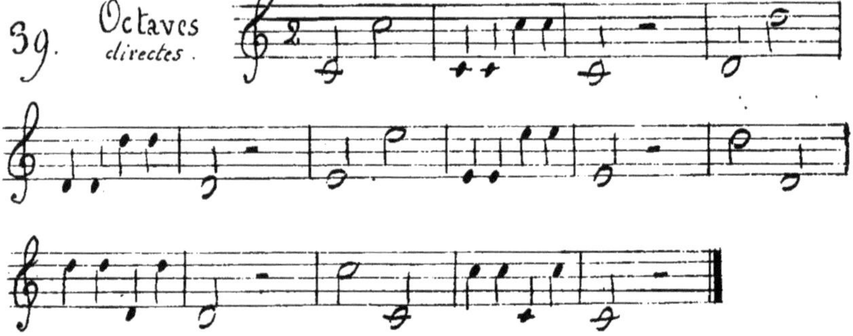

Exercice Quotidien
sur
les intervalles naturels.

40. Secondes.

41. Tierces.

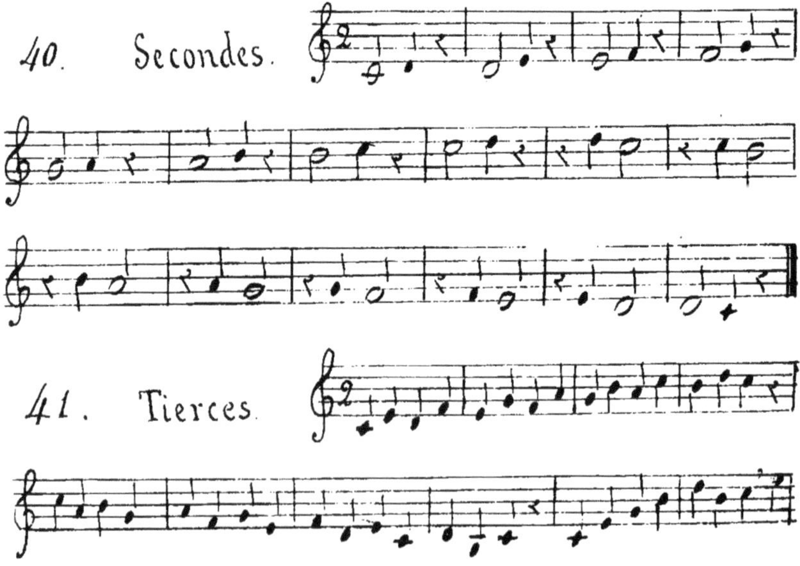

42. Quartes.

43. Quintes.

44. Sixtes.

Résumé
des Intervalles Naturels depuis l'Unisson jusqu'à la Dixième.

PREMIÈRE PARTIE

48. Gamme avec Variations.

1 2 3 4

1ère Variation

2e

3e

4e Syncopes.

5e

6e

7e

8e

9e

10e

11e

12e

13e

Exercices Divers

sur

la Ronde, la Blanche, la Noire, la Croche.

(1) Exécutez tous ces exercices à 4 temps, puis à 2 temps.

Andante.
52.
Inverse du N.º précédent.
53.

Combinaison des deux n.os précédents.
54.
Inverse de la 1.re Reprise.
55.
Réduction du n.o précédent.
56.

57
Inverse du n° 56.
Fin.
Point d'orgue.
Al Segno. (Reprenez au Signe, jusqu'au mot fin.)
58.
Réduction du n° 58.
59.
Récapitulation des 11 n° précédents.
60.

Combinaisons

de Noires et de Croches.

Moderato. (Pour tous les exercices suivants)

61.

Inverse du no. 61.

62.

63.

Inverse du no. 63.

64.

65.
66.
Inverse du nº 65.
fin
67
68.
Inverse du nº 67.

Fin.
69.
Inverse du n.° 69.
70.
Récapitulation des 10 n.os précédents.
71.

Du Point.

Le point, placé après une Note, augmente cette note de la moitié de sa valeur.

Allegro moderato. Blanches pointées et Noires.

72

Noires pointées et Croches.

73.

Moderato. Croches pointées et doubles croches. (Détachez la double-croche.
74.

Récapitulation des 3 nos précédents
75.
Syncopes.
Rondes et Blanches formant Syncopes
76.
Blanches liées formant syncopes
77

Blanches et Noires liées, formant Syncopes
Blanches formant Syncopes entre 2 Noires non liées.
79.
Blanches formant Syncopes entre 1 Noire et 2 Croches.
80.
Inverse de la 1re Reprise.
Blanches formant Syncopes entre 4 Croches.
81.

Noires formant Syncopes, entre 2 Croches liées et non liées.
82.
Noires formant Syncopes entre 1 Croche et 2 doubles croches.
83.
Syncopes brisées.
84

Modes.

Il y a 2 Modes : le mode *Majeur* et le mode *mineur*. — Un morceau de chant est du mode majeur, quand la 1re tierce de sa gamme est majeure, c.à.d., renferme 2 tons ; il est du mode mineur, quand la 1re tierce est mineure, c.à.d., ne renferme que 1 ton ½.

(1) Il est bon d'habituer l'élève à distinguer si tel ou tel passage d'un morceau de chant est du mode *Majeur* ou du mode *mineur*; le professeur doit chanter ou jouer quelques phrases à son élève et lui demander à quel mode elles appartiennent. — L'Oreille, en ce cas, supplée facilement à la Théorie.

Leçons avec 1 dièse.

Avec un dièse on est dans le ton de *Sol* Majeur, ou dans son relatif *Mi* mineur. –

88. (108 = 𝅗𝅥.)

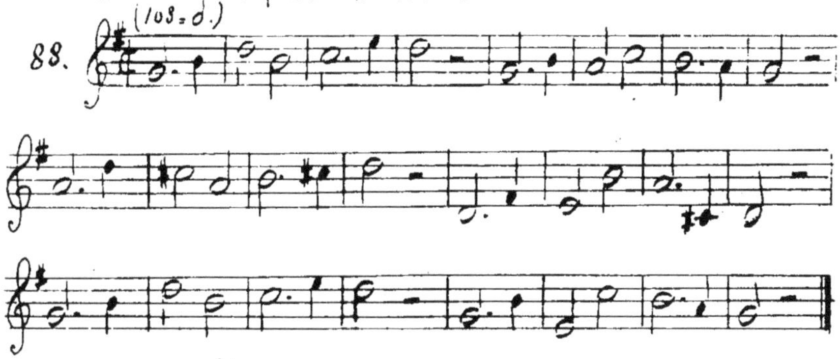

89 (108 = ♩)

Fin.

D. C.

90. (120 = ♩) Syncopes

91.
(88 = 𝅗𝅥) en Mi mineur
92.
(100 = 𝅘𝅥)
93.
(108 = 𝅘𝅥)
Fin
D.C.
94.
(88 = 𝅗𝅥)

Une Noire pointée ou trois Croches pour chaque temps.

95

Moderato. (88 = ♩)

96.

Moderato. 3 Croches pour chaque temps : 12 croches pour une mesure.

96 (bis)

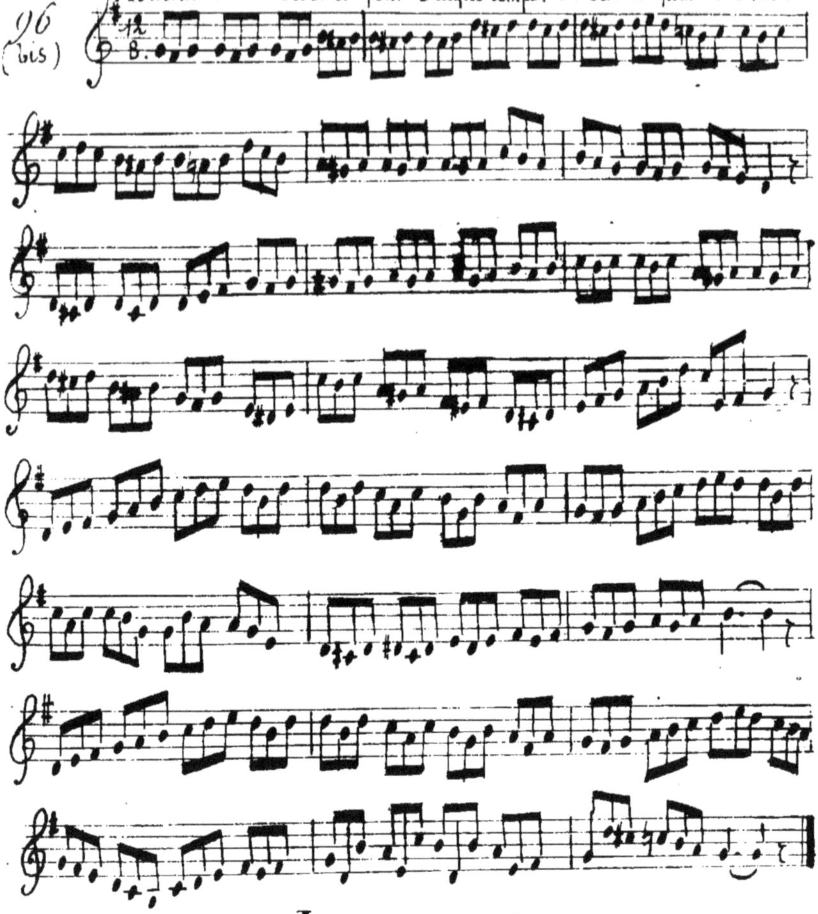

Leçons avec 2 dièses.

Avec 2 dièses, on est dans le ton de *Ré* Majeur ou dans son ton relatif Si mineur.

(96 = ♩.)

97.

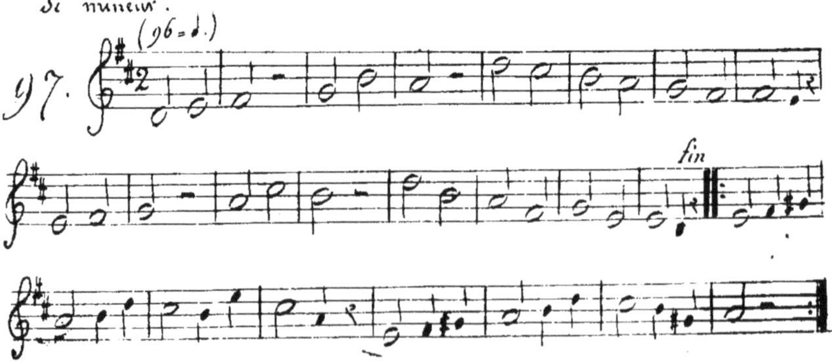

(96 = 𝅗𝅥)
98.
Allegro. (112 = 𝅗𝅥)
99.
fin
D. C.
All° (96 = 𝅗𝅥.)
100.
fin.
Si mineur (ton relatif.)
D. C.

Andante. (76 = 𝅗𝅥.) Si mineur.
101.
Fin.
Ré majeur.
All: Mod: (100 = 𝅘𝅥.)
102.
Inverse de.
la 1ère reprise: en la Majeur.

103.
Larghetto. (70 = 𝅗𝅥.) (Introduction)
p
crescendo
All.° (126 = 𝅗𝅥.) Mouvement de Valse.
fin.
Modulation en Sol Majeur.
D. C. à la Valse.
104
Mod.° (92 = 𝅗𝅥)
Syncopes

104
(bis.)
Moderato.

Leçons avec 1 Bémol.
Avec un bémol, on est dans le ton de fa Majeur, ou dans son relatif Ré mineur.
Cantabile.
105.
Fin.
D.C.
Moderato (84 = ♩.) en Ré mineur.
106.

107.
Allº (100 = ♩)
fin
(piqué)
(coulé)
108.
Modº Intrada.
p
f
diminuendo
Tarentelle:

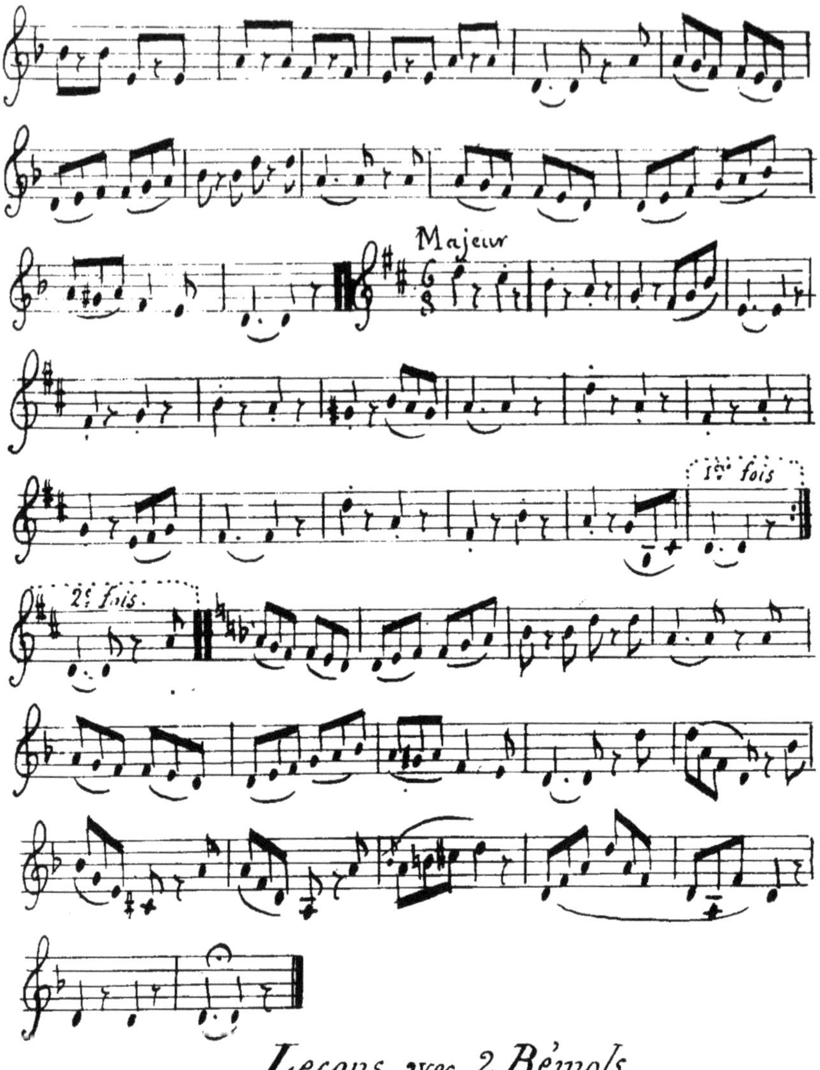

Majeur
1re fois
2e fois

Leçons avec 2 Bémols.

Avec 2 bémols, on est dans le ton de *Si bémol Majeur*, ou dans son relatif *SOL mineur*.

109.

fin.

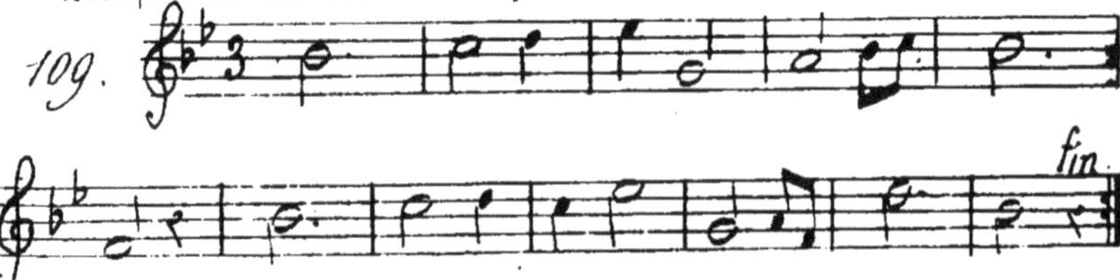

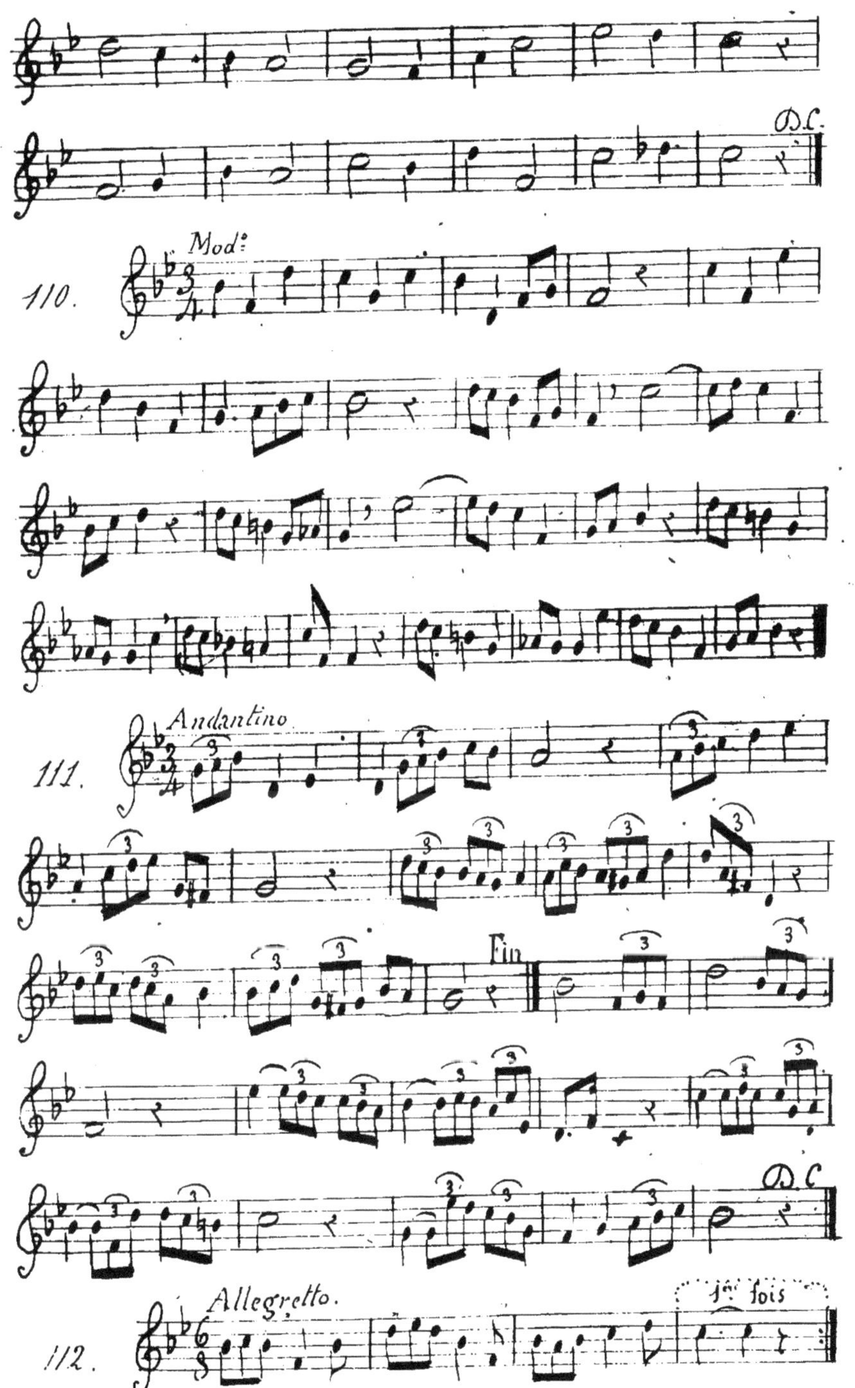
D.C.
Modᵒ
110.
Andantino
111.
Fin
D.C
Allegretto.
112.
1ʳᵉ fois

2e fois
113.
1a
2a
1a
2a
Moderato.
114.

Leçons pour étudier les Silences.

116.
Demi-Soupir, silence de la Croche.
fin.
117.
Mod:

Inverse du n° 117:
118.
fin
Mineur
D.C.
119.

Récapitulation des Silences
120
3
Fin.

Leçons avec 3 Dièses.

Avec 3 dièses, on est dans le ton de LA Majeur, ou dans son relatif FA dièse mineur.

2a fois

Andantino.

D.C.

123. All.o (120 = ♪) Une Croche pour chaque temps.

fin

D.C.

124. Larghetto - (90 = ♩.)

Allegretto. (100 = ♩.)
125.
6/8
fin.

All^o (100 = ♩.)

126.

Leçons avec 3 Bémols.

Avec 3 bémols, on est dans le ton de MI bémol Majeur, ou dans son relatif DO mineur.

D.C.

128. All.° (90 = ♩.)

fin

en si ♭

D.C.

129. Adagio. (92 = ♩)

Mod: (96 = ♩.)
130.

131.
Andantino non troppo (104. ♩)
Fin

60.
D.C
All° Vivace (164 = ♪)
132.
Fin.
D: C.

Leçons avec 4 Dièses.

Avec 4 dièses, on est dans le ton de MI Majeur, ou dans son relatif DO dièse Mineur.

en do # mineur.

rallentando.

en Mi majeur.

1° tempo

136
Allegretto (120 = ♩)
137
And^tino (112 = ♩)

Leçons avec 4 Bémols.
Avec 4 bémols, on est dans le ton de LA bémol Majeur, ou dans son relatif FA mineur.
Modº (108 = ♩)
138.

139.
Moderato. en fa mineur.
140.
Allegretto.

Tempo di Marcia. (116 = ♩)
141.

Exercices

sur

la Clef de FA 4e ligne.

Place des Notes sur la portée et sur les lignes supplémentaires au-dessus de la portée.

Andante.

No. 142.

Andante.

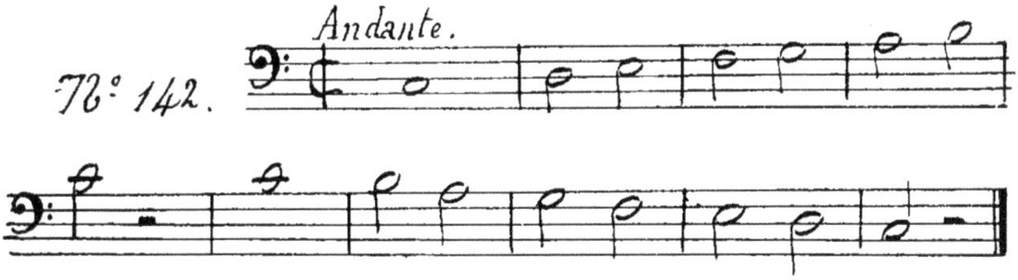

143.

Andante.
144
145
146

Allegretto.
147.
148.
149.

All° (150 = ♪)
150.

151.
Fin

All° (120-♩.)

151 (bis)

Fin de la Premiere Partie

Supplément

152.
All°. (Air des Puritains)
cres.
mf
f
p
153.
All° Grazioso. (Air de l'Elisire d'Amore)

Moderato (Fantaisie.)
154.
f
rall.
ritard.
à tempo.
cres.

cres.
Dim.
p
p
rall.
à tempo.
mf.
155

All°. (104 = 𝅗𝅥.)
156.

D.C.
157.
Maestoso, espressivo
(Le chant du barde)
fp
Energico
f
Fin.
fp
Doloroso.

78.

ritard.

D.C.

158.

Coda.

Fin.

Modulation en La Majeur.

al Coda.

Modulation en Mi mineur.

Majeur
al Coda.
159.
Adagio (100 = ♩)
Les plaintes du Captif.
rall
Risoluto,
fp

dim.
rall.
decres.
Andante. (Beatrix di Tenda.)
160.
p
ten.
dolce.

Exercices à deux voix.
Chasse.
1ère partie
161
2e partie
cres.
cres.
cres.... cen.... do poco à poco

cres ... cen ... do poco
- ā - poco.
Fin.

Moderato:
162.

legato
legato.
cres.
cres. .
p
cres.
cres.
p
p
p
p
dimin

www.ingramcontent.com/pod-product-compliance
Ingram Content Group UK Ltd.
Pitfield, Milton Keynes, MK11 3LW, UK
UKHW020938180726
13838UKWH00003B/1012

9 782329 368696